AF375574

PARKİNSON YASASI

ANAHTAR BİLGİLER

- **Adı:** Parkinson Kanunu.

- **Kullanım alanları:** kamu yönetimi, idare, kamu hizmetleri, insan kaynakları yönetimi.

- **Neden başarılı?** Gerekli iş miktarına bakılmaksızın yönetimin büyüme eğilimi üzerine mizahi ama çok ikna edici bir teoridir.

- **Anahtar kelimeler:** memur, yönetim, çalışma süresi, kamu yönetimi, bürokrasi.

GİRİŞ

Geleneksel çalışma süresi anlayışını yerle bir eden Parkinson Yasası, 20. yüzyılın ikinci yarısında bürokratik yönetimin işleyişini mizahi bir dille vurguluyor.

İngiliz tarihçisi Cyril Northcote Parkinson (1909-1993), İngiliz mizahıyla dolu ve bürokrasinin sapkın etkilerinin kınandığı bir dönemde (George Orwell'in 1949'da yayınlanan ünlü 1984 romanını düşünün), 1955 yılında Parkinson Kanunu'nu sunan bir makale yayınladı. Bu yasa, yapılacak iş miktarı ne olursa olsun, kamu hizmeti personelinin miktarının belirli bir oranda (yaratıcı bir matematiksel formülle üretilen) arttığını belirtmektedir.

PARKINSON YASASI

Zamanı yönetin ve üretkenliği artırın

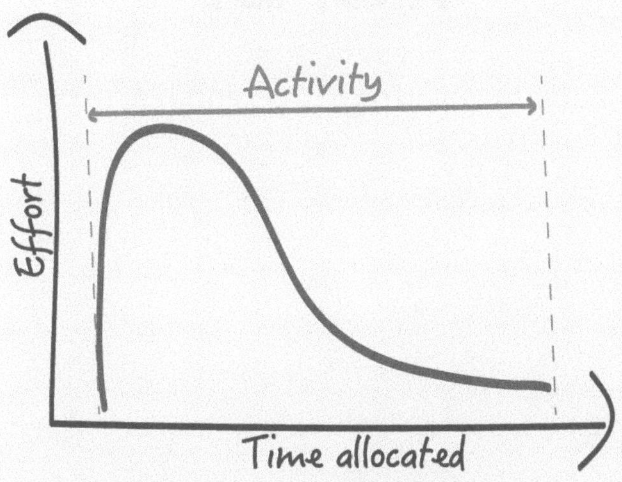

PARKINSON YASASI

Zamanı yönetin ve üretkenliği artırın

tarafından yazılmıştır Pierre Pichère
tarafından çevrildi Baris Şahin

50MINUTES.com

KAVRAMIN TANIMI

Parkinson Kanunu üç ifadeye dayanmaktadır:

Yapacak bir işi olan bir kişi, bu işi bitirmek için mevcut tüm zamanı kullanacaktır;

Çalışanlar her zaman bir rakip yerine bir asta sahip olmayı tercih eder;

çalışanlar karşılıklı olarak iş yaratır.

Bu üç ifade, personel sayısını artırmaya yönelik doğal eğilimi açıklamaktadır. Büyük ölçüde mizahi olmasına rağmen, Parkinson Kanunu bürokrasinin gelişimini anlaşılır bir şekilde açıklama avantajına sahiptir.

TEORİ

Devlet, kamu güçleri için (adalet, polis, diplomasi, vb.) görevler sağlar. Bu tarihsel işleve ek olarak, [20.] yüzyıl boyunca eğitim, sağlık, sağlık sigortası ve emeklilik sağlamak için sosyal yardımlar geliştirilmiştir. Bu ikinci boyut bir ülkeden diğerine farklı işlese de, Avrupa'nın her yerinde 'refah devleti' olarak bilinir.

Bu büyük operasyonu yürütmek için devlet memuru olarak adlandırılan ajanlara ihtiyaç vardır. Örneğin Fransa'da bu terim, üç kamu hizmetinin (Devlet, hastane ve bölge) üyelerini ifade etmekle birlikte, daha genel anlamda, yasal olmayan bir şekilde, kamu görevlilerini ifade etmektedir. 'Devlet memuru' terimi diğer ülkelerde farklı anlaşıldığından, İngiliz bir yazar tarafından oluşturulan Parkinson Kanunu'nun kapsamını anlamak için bu nüansa ihtiyaç vardır.

 **FRANSA'DAKI ÜÇ KAMU HIZMETININ PERSONELI**

2013 yılında Fransa'da 2.3 milyon devlet memuru, 1.14 milyon hastane görevlisi ve 1.8 milyon bölge görevlisi olmak üzere toplam 5.24 milyon kişi istihdam edilmiştir. Bu rakamlara iş sahipleri ve yükleniciler de dahildir.

Ekonomik bir yaklaşım benimseyerek, kamu hizmetleri için kamu tarafından finanse edilen özel yapıların çalışanlarını da dahil etmeliyiz. Bu durumda toplam yaklaşık 6 milyon kişiye ulaşmaktadır ki bu da Fransa'daki maaşlı istihdamın yaklaşık %25'ini oluşturmaktadır.

İçgüdüsel olarak akıl, kamu makamlarının kendilerine tevdi etmeyi düşündükleri görevler için temsilciler istihdam etmelerini emreder. Mantıken, personel sayısının artırılması, söz konusu kamu otoritesinin faaliyet alanındaki bir artışa karşılık gelmelidir. Parkinson Kanunu bu düşünceye karşı çıkmak için oluşturulmuştur.

Cyril Northcote Parkinson, 1955 yılında ünlü *The Economist* dergisinde yayınladığı makalede tam tersi bir mantık yürütmüştür. Ona göre memur sayısındaki artış, personele verilen iş miktarından bağımsız olarak her yıl %5,7 civarındadır.

Parkinson'un argümanı ciddi veriler ile okuyucuyu eğlendirme arzusu arasında gidip gelmektedir. Büyük ekonomist ve nüfus bilimci Alfred Sauvy (1898-1990), 1980'lerin başında yayınlanan Parkinson Yasası üzerine bir kitabın Fransızca baskısı için yazdığı önsözde, Raymond Devos (Fransız mizah yazarı, 1922-2006) ve Jacques Tati'yi (Fransız senarist ve aktör, 1907-1982) İngiliz klasik ekonomistler Adam Smith (1723-1790) ve David Ricardo'dan (1772-1823) daha istekli bir şekilde anar ve Parkinson'u zamanın en büyük fantezistleri arasında sayar. Ancak bu fantezi bir sonuçtan ziyade İngiliz mizahının bir göstergesidir ve kamu yönetiminde klasik bir referans haline gelmiştir.

Cyril Northcote Parkinson, akıl yürütmesinin başlangıç noktası olarak, bir bireyin bir görevi yerine getirmek için ne kadar fazla zamanı varsa, görevi tamamlamasının o kadar uzun süreceğine işaret etmektedir. Bunu, her biri bir kartpostal göndermek zorunda olan yaşlı bir kadın ve genç bir adam örneğiyle açıklamaktadır. Kartın seçilmesi, metnin yazılması, kartın damgalanması ve kartın postalanması: tüm bu işlemler, çok meşgul bir kişi için yarım saatten fazla sürmeyecek olsa da, gün içinde yapacak başka bir şeyi olmayan kişi için kesinlikle tüm gününü alacaktır. Bu nedenle, gerekli iş miktarı ile işi yürütmek için seçilen personel arasında bir ilişki yoktur: bu verimlilik ilkesidir.

Parkinson Kanunu diğer iki ifadeye dayanmaktadır:

- **Devlet çalışanları her zaman bir rakibe sahip olmaktansa bir asta sahip olmayı tercih ederler.** Bu ifade Parkinson'un makalesinde kanıtlanmıştır. Eğer bir devlet memuru – doğru ya da yanlış – çok fazla işi olduğuna inanıyorsa, önünde üç seçenek vardır:

  - pozisyonu bırak;

  - başka bir çalışanın işe alınmasını talep edebilir;

  - bir ast isteyin.

    Kariyeri ve potansiyel terfileriyle ilgili nedenlerden dolayı, rakip olarak kabul edilebilecek bir iş arkadaşı yerine bir astı tercih edecektir. Ayrıca, kendisi ve astı arasında bir rekabetin ortaya çıkmamasını sağlamak için iki astı işe almayı tercih edecektir. Aynı sorun birkaç yıl sonra bu yeni işe alınanların her ikisinde de ortaya çıkacak, böylece kısa bir süre önce orada çalışan tek bir kişi yerine kısa bir süre içinde beş kişi çalışacaktır.

- **Kamu görevlileri karşılıklı olarak iş yaratır.** Personel sayısındaki artış bürokratik işlemlerin ağırlaşmasına yol açarak işe alma kararını haklı çıkarır. Eğer çalışan iki astını işe aldıktan sonra çok fazla iş yapıyorsa, önceden çok bunalmış olmalıdır. Ancak Parkinson'a göre, iş yükünün önemli bir kısmı yeni işe alınanlardan kaynaklanmaktadır, çünkü artık daha fazla doğrulama aşaması vardır.

Parkinson, bu iki eğilimden yola çıkarak kendi adını verdiği ve matematiksel bir formülle ifade ettiği yasayı oluşturmuştur:

$$(2k^m + l) / n$$

- k, kendilerine yardımcı olması için astlarını atayarak yükselmek isteyen çalışanların sayısını temsil eder;
- l, atama yaşı ile emeklilik yaşı arasındaki farkı temsil eder;
- m, departman içinde notları yanıtlamak için ayrılan saat sayısını temsil eder;
- n, her yıl gerekli olan yeni çalışan sayısını temsil eder.

Büyüme oranını bulmak için, ürün bir önceki yılın toplamına bölünmeden önce 100 ile çarpılır (*yn olarak belirtilir*) ve bu da büyüme oranını verir:

$$100(2k^m + p) / yn$$

Parkinson Kanunu bu oranın, ilgili iş miktarındaki herhangi bir değişiklikten bağımsız olarak %5,17 ile %6,56 arasında olduğunu belirtmektedir.

SINIRLAMALAR VE GENİŞLETMELER

Parkinson Yasası'nın kapsamı nedir? Teorinin bilimsel görünümü, onun kışkırtıcı doğasını vurgulamaktadır. Ancak, mizahi olması amaçlansa da, bürokrasi ve olumsuz etkileri üzerine düşüncelerde kullanılmaya devam etmektedir.

SINIRLAMALAR VE ELEŞTİRİLER

Sayısallaştırma ve büyüme oranı

Parkinson tarafından oluşturulan yasanın metodolojik zayıflığını tespit etmek kolaydır, çünkü denklemin değerlerinin çoğu belirlenemez. Terfi etmek isteyen memurları gerçekte nasıl ölçebiliriz? Bu, Devletin henüz tam olarak sahip olmadığı bir zihin okuma aracı gerektirecektir. Benzer şekilde, bilgi notlarına cevap vermek için harcanan saat sayısını ölçmek güzel bir düşünce, ancak bu, faydalı ve üretken cevaplar ile kamu hizmetinin onsuz da yapabileceği cevaplar arasında ayrım yapmak anlamına gelecektir.

Bu nedenle denklemin sonucu olan %5,17 ile %6,56 arasındaki büyüme oranına kesin gözüyle bakılmamalıdır. Parkinson, yasasını uygulamaya koyduktan yaklaşık 20 yıl sonra yayınladığı bir makalede yasanın işe yaradığını göstermeye çalışmıştır. İngiliz kamu hizmeti personelini inceleyerek, mantığını üzerine inşa ettiği istatistiksel temelin zayıflığını kendisi de kabul etmiştir. Yine de başta Savunma Bakanlığı olmak üzere bazı İngiliz makamlarının personelini analiz ederek yasanın geçerliliği sonucuna varmıştır. Bununla birlikte, bu makale bir kez daha insanları gülmeye teşvik eden güçlü bir hiciv boyutuna sahipti.

Bu nedenle, muhtemelen bilimsel olmaktan çok mizahi bir amaç taşıyan matematiksel formüle çok fazla odaklanmadan, Parkinson Yasası'nın mantığını her şeyden önce aklımızda tutmalıyız. Bu nedenle, Parkinson'dan öğrenebileceğimiz ana şeylere bakalım:

- Bir görevin yürütme süresi, işi tamamlamak için mevcut olan gerçek süreye ulaşma eğilimindedir.

- Bürokratik bir sistemde işgücü, mevcut çalışanların ilerleme stratejileri ve aynı zamanda bir göreve bağlı kişi sayısındaki artışı haklı çıkaran daha fazla sayıda prosedür nedeniyle hızla büyüme eğilimindedir. Devlet memurlarının sayısını artırmaya yönelik bu baskı ekonomik bir çıkmaza yol açmaktadır. Aslında, bu pozisyonlar zorunlu doğrudan borçlanmalarla finanse edilmekte ve bu nedenle artış eğilimi göstererek ekonomik sistemi boğan bir eşiğe ulaşmaktadır.

Şirkete uygulanamazlık ve yönetimin yabancılığı

Parkinson Kanunu, verimlilik kısıtlamaları ve artan istihdam çeşitliliğini takip eden bir şirkete uygulanamaz. Aksine, bu şirket işgücünü artırmak yerine azaltma eğiliminde olacaktır. Gerçekte Parkinson Yasası yönetim ve insan kaynakları teknikleriyle uyuşmamaktadır. Bu teknikler üretkenliği artırmak amacıyla ekipleri motive etmek için çalışır ve bu nedenle belirli bir görevi tamamlamak için gereken süreyi artırma eğilimine karşı mücadele eder.

İLGİLİ MODELLER VE UZANTILAR

Parkinson Kanunu bugün hala meşhurdur. Bu nedenle, bazıları için güncel terminolojiyi kullanan ve varsayımları Parkinson tarafından yapılanları çağrıştıran diğer yasalara veya ilkelere yaklaşabiliriz.

- 1970 yılında **Laurence J. Peter** (Kanadalı eğitimci, 1941 doğumlu) kendi adını verdiği ilkeyi, Peter İlkesi'ni formüle etmiştir. Yetkin çalışanlar daha yüksek bir pozisyona terfi ettirildiğinde, bir şirketteki pozisyonların (özellikle yönetim seviyesinde) yetersiz çalışanlar tarafından doldurulduğu bir zaman mutlaka gelecektir. Bu ilke, devlet memurlarının terfisi ile ilgili olması bakımından Parkinson Yasası'na benzemektedir.

- 1975 yılında **Frederick Brooks** (bilgisayar mühendisi ve üniversite profesörü, 1931 doğumlu) *The Mythical Man-Month* adlı bir kitap yayınladı. Zaten gecikmiş olan bir projeye personel eklemenin sadece nihai gecikmeyi nasıl artıracağını açıklar. Proje yönetiminde sıklıkla kullanılan ölçü birimi olan adam-ay'ı, yani bir kişinin bir ayda yaptığı iş miktarını eleştiriyor. Ancak bu hacim büyük ölçüde projenin genel organizasyonuna, çalışma koşullarına vb. bağlıdır. Bu sonuç, Parkinson'un işin tamamlanması için mevcut zaman miktarını dolduracak şekilde genişletilmesine ilişkin açıklamasıyla ortak bir zemine sahiptir. Bu yaklaşım, gazların genleşmesine ilişkin bazı yasalarla da karşılaştırılmıştır, ancak bu paralellik bir benzerlikten ziyade bir karşılaştırmadır.

- Parkinson'u mizah ve ekonomi arasında bir konuda yazan bir yazar olarak düşündüğümüzde, onu **Auguste Detoeuf** (sanayici ve yazar, 1883-1947) ile karşılaştırmak da mümkündür. Birçok deyiş ve düşünce derlemesinin yazarı olan Detoeuf, École Polytechnique'de eğitim görmüş ve daha sonra *Alsthom* şirketini kurmuştur. Metinleri iş dünyasından yansımalarla doludur, zamana ve onu en iyi nasıl kullanabileceğimize dair çeşitli referanslar içerir. Bu mizahi düşünceler genellikle Parkinson Yasası'nın belirli bir görevi yerine getirmek için gerekli sürenin uzatılması yaklaşımına benzer.

Sosyal bilimler dünyasında, [20.] yüzyılın başlarından bu yana, birçok yazar bürokrasinin etkilerini incelemiş ve Cyril Northcote Parkinson tarafından ortaya konanlara benzer bulgular ortaya koymuştur. Bunlardan üçü burada anılmaya değerdir.

- **Max Weber'e** (Alman sosyolog, 1864-1920) göre kapitalizmin yükselişi yeni bir otorite türüne yol açmaktadır. Kişisel otoriteye dayanan feodal toplumlar ve despotik rejimler (Bonapartizm gibi) karizmatik otoriteye dayanırken, kapitalizm rasyonel otorite olarak adlandırılan kurala itaat üretir. Bir kişi hiyerarşide işgal ettiği pozisyona ve bu pozisyonla ilişkili yetkilere göre kontrol sahibidir. 'Bürokrasi' terimi daha sonra Max Weber tarafından, modern toplumlarda devlet yönetiminin ve şirketlerin artan rolünü tanımlamak için aşağılayıcı çağrışımlar yapmadan kullanıldı. Tersine, hukukun üstünlüğüne dayandığı ve görevlerde yer alanların hayatta kalmasına yardımcı olduğu için bürokrasiyi en başarılı sosyal form olarak görmektedir.

* **Ludwig van Mises'in** (Avusturyalı-Amerikalı iktisatçı, 1881-1973) yaklaşımı çok daha eleştireldir. Mises, 1944 yılında yazdığı *The Bureaucracy (Bürokrasi) adlı eserinde*, kamu idarelerinin çağdaş ekonomilerdeki artan ağırlığını ve ekonomik faaliyetlerin büyümesi önündeki engelleri kınamıştır. Bu metin, memur sayısındaki artış oranını açıklayan bir kural geliştirdiğini iddia ederek, bu kategorinin tüm işgücünü temsil edeceği bir zamandan endişe duyan Parkinson'a ilham vermiş olabilir.

* Bu araştırmalar boyunca, Fransız sosyolog **Michel Crozier** (1922-2013) bürokratik bir sistemdeki görevlilerin, özgürlük alanlarını geliştirmek için kendilerini kurallardan nasıl yavaş yavaş kurtardıklarını göstermiştir. Bu araştırma, büyük kuruluşların çalışanlarının işlerini tamamlamak için neden giderek daha fazla zaman harcadıklarını ve böylece Parkinson'un tanımladığı gibi yeni temsilcilerin işe alınması için gerekli koşulları oluşturduklarını açıklayabilir.

1970'lerden bu yana yeni kamu yönetimi teorisi, büyük ölçüde özel şirketlerin yönetiminden esinlenen modernizasyon yöntemleri arayışıyla kamu yönetiminin yönetimiyle ilgilenmektedir. Kullanıcılara müşteri gibi davranmak, merkezi hükümetin sadece yönergeleri belirlediği, hizmet dağıtan etkin ajansların geliştirilmesini gerektirir. Yaygın olarak kabul gören ancak aynı zamanda sıklıkla eleĢtirilen bu yaklaĢım, bürokrasinin ve bürokrasinin kendine has özelliklerinin üstesinden gelmeye çalıĢmaktadır.

PRATİK UYGULAMA

İster büyük özel şirketlerde ister kamu idarelerinde olsun, yöneticiler Parkinson tarafından tespit edilen temel eğilimlerle mücadele etmek için araçlar oluşturmaya çalışıyor.

Ancak kamu yönetiminde bu araçlar genellikle özel sektöre kıyasla daha sınırlıdır. Personel yönetmelikleri hiyerarŞik yetkileri sınırlandırır: sadece istisnai durumlarda iŞten çıkarılabilirler ve ücretlerin tanımı nadiren performansın nesnel unsurlarını dikkate alır. Tüm Batı ülkelerinde son dönemdeki geliŞmeler, aŞağıdaki amaçlar doğrultusunda kamu yönetiminin verimliliğinde bir iyileŞmeye yol açmıŞtır:

- memurların daha yakından kontrol edilmesi ve böylece çalışma süresinin uzatılması etkisinin sınırlandırılması;

- Bürokratik eğilimlere karşı koyarak idari prosedürleri basitleştirmek;

- Son olarak, Parkinson'un belirli bir hızda devlet memurlarının sayısındaki kaçınılmaz artışa ilişkin tahminlerine karşı çıkarak, devlet memurlarının sayısını azaltmaya çalışmak da dahil olmak üzere kamu hizmetlerindeki işgücünün büyümesini sınırlandırmak.

TAVSİYELER VE EN İYİ İPUÇLARI

Hedefleri yönetmek

Birçok ülke hedeflere göre yönetimi uygulamaya koymuştur. 1990'ların başına kadar ulusal bütçeler hedefler ve araçlar arasındaki bağlantıyı nadiren içeriyordu. OECD (Ekonomik İşbirliği ve Kalkınma Örgütü) Üye Devletlerinin çoğunda bu prosedürler daha sonra kademeli olarak geliştirilmiştir. Örneğin Fransa'da 2001 yılında kabul edilen ve 2006 yılında yürürlüğe giren mali kanunlara ilişkin organik kanun (LOLF) bu hareketin bir parçasıdır. Ulusal bütçeleri program bazında planlar ve performanslarını kontrol etme kapasitesini güçlendirir. Dolayısıyla, Parlamentonun gözetimi altında kamu makamları tarafından belirlenen hedeflere ulaĞmak için kaynak tahsisi yapmak üzere tasarlanmıĞtır. Bu yeni usuller, kamu hizmetinin ve çalışanlarının işlerini daha iyi organize etme ve dolayısıyla Parkinson tarafından analiz edilen bürokrasinin olumsuz etkileriyle mücadele etme eğilimindedir. Birbirleriyle çelişmemeleri için sınırlı sayıda net hedef belirlemek gerekir.

Teşviklerin ve kontrollerin geliştirilmesi

Bu yönetimi ulusal düzeyde hedeflerle destekleyerek, kamu görevlilerinin katılımı birçok deneyimin konusu olmuştur. Çalışanları daha verimli olmaya teşvik etmek ve denetimleri arttırmak aynı sorunun iki yüzüdür: kamu hizmetlerinin verimliliği nasıl arttırılabilir?

Örneğin Danimarka, performansa bağlı ücret payının maaşın %20'sine ulaşması amacıyla kamu görevlileri için sözleşmeye dayalı bir ücretlendirme sistemi geliştirmiştir. Bu değerlendirme, bir sendika temsilcisi tarafından denetlenen çalışan ve amir arasındaki bir diyalog yoluyla gerçekleştirilmektedir. Yirmi yıl önce oluşturulan bu politikanın yakın zamanda yeniden değerlendirilmesi, maaşın bir kısmı bunlara bağlı olduğunda performans hedeflerinin daha fazla kabul gördüğünü göstermektedir, çünkü çalışan göstergeleri ve değerlendirme yöntemlerini anlamakta ve benimsemektedir. Diğer ülkeler, hizmetleri ve kurumları yöneten ve ekiplerinin başarısına göre ikramiye veya terfi alan kamu yöneticilerinin maaşlarını geliştirmeyi seçmiştir.

Hala ilgili performans göstergelerinin geliştirilmesine ihtiyaç vardır. Bu göstergeler, tamamen sayılabilir olmaksızın kamu hizmeti hedeflerine uygun olmalıdır. Bir polis memurunun performansını kesilen ceza veya tutuklama sayısına göre ölçmek zor olacaktır. Ancak suç önleme konusundaki çalışmaları nasıl değerlendirilebilir? Gerçekleşmemiş olayları nasıl ölçebiliriz? Ayrıca, özel ya da kamu, tüm sektörlerde her türlü değerlendirme, değerlendirmeye tabi olanlar tarafından suiistimal edilme riski taşır. Katılımcılar, göstergeleri iyileştirmeye yönelik tutumlar benimseyerek, çalışmalarının eşit derecede önemli olan ancak göstergelerle daha az kolay ölçülebilen diğer yönlerine zarar verebilirler. Belirlenen hedeflere göre performansı kademeli olarak kontrol etmek için performans ölçütleri oluşturmak, ihtiyatlı olmayı ve dikkatli düşünmeyi gerektirir.

Son olarak, teşvikler ve kontroller kamu hizmetinin statüsü nedeniyle daha zor hale gelebilir. Kariyer sistemi olan ülkelerde, yasal pozisyonlara atanan memurların hareketsizliği, bireysel ve kolektif teşviklerin gerçek bir yapısının oluşturulmasını engelleyebilir.

 ## KARIYER SISTEMLERI VE POZISYON SISTEMLERI

Kamu hizmetlerinde iki tür örgütlenme vardır.

Kariyer sistemlerinde, çalışanlar bir sınav veya yarışma sonrasında kamu hizmetine katılırlar. İlerlemenin kıdem ve derecelendirmeden elde edilen puanlara bağlı olduğu hiyerarşik bir organizasyona tabidirler. İş güvencesi genellikle garanti altındadır.

Tersine, pozisyon sistemleri, kamu hizmetlerine ait olmasa bile, bir işlev için en nitelikli olduğu düşünülen bir kişiyi çağırır. Daha esnek olan bu sistem özel işgücü piyasasına daha yakındır.

Fransa'da iki sistemin bir arada var olduğunu unutmayın. Kamu hizmeti kariyer sistemi içinde yer alırken, yerel konseyler daha çok özel işgücü piyasası gibi çalışmakta, memurların yanı sıra geçici sözleşmeyle bazı pozisyonları doldurmak için dışarıdan çalışanlar da istihdam etmektedir.

Küçülme

Parkinson Kanunu, kamu harcamalarının ağırlığının ve vergi sistemleri arasındaki rekabetin henüz tartışma konusu olmadığı, nispeten kapalı ekonomilerde güçlü bir büyüme dönemi olan 1950'lerde ortaya çıkmıştır. O zamandan bu yana durum değişmiştir. Özellikle 2008 mali krizinden bu yana kamu bütçeleri sıkılaştırıldı; Avrupa devletleri harcamaları kontrol etmek istiyor. Önemli istikrar tedbirleri, hatta kamu işgücünde azaltmalar, 1990'ların başından itibaren başlatılmıştır. OECD rakamları, 1991 ve 2001 yılları arasında bu örgüte Üye Devletlerin çoğunda memur sayısında göreceli bir istikrar olduğunu göstermektedir. Sadece Lüksemburg yılda ortalama %4'lük bir artış göstermiştir. Fransa bu araştırmanın bir parçası değildi.

Çeşitli stratejiler uygulanmıştır:

- Birçok ülkede 1990'lardan bu yana gerçekleştirilen özelleştirmeler, devlet memurlarının ya da yeni işe alınanların statülerinin değişmesine yol açmıştır. Örneğin Fransa'da France Telecom gibi büyük şirketlerin özelleştirilmesiyle birlikte devlet müdahalesinin azaldığı görülmüştür. Posta ve Telekomünikasyon Bakanlığı'ndan memurların yerini kademeli olarak France Telecom şirketinden (şimdiki Orange) özel çalışanlar almıştır ve devlet artık sermayenin sadece küçük bir kısmını elinde tutmaktadır.

- Birçok ülke birkaç yıldır kamu işgücünü kontrol altına almaya çalışmaktadır. Temsilcilerin değiştirilmemesi, emekliye ayrılma ve işe alma politikaları memur sayısında durgunluğa, hatta hafif bir azalmaya yol açmıştır.

- Bazı devletler Parkinson Yasası'na daha açık bir şekilde karşı çıkmış, devlet memurlarının sayısında gözle görülür bir azalma gibi daha acımasız bir politika uygulamıştır. Almanya'da 1990'larda, ülkenin yeniden birleşmesinin ardından devlet kendisini bazı memurlardan ayırdı.

Adem-i merkeziyetçilik politikaları önemli düşüşler olduğu yanılsamasını yaratmıştır. Nitekim Sayıştay verilerine göre 2000 ve 2007 yılları arasında kamu görevlileri devlet kamu hizmetlerinde sabit kalmıştır ki bu Fransa gibi kamu müdahalesine çok önem veren ülkeler için bir ilktir. Ancak aynı zamanda, kolejlerden (genel konseyler) ve liselerden (bölgesel konseyler) sorumlu teknik personel de dahil olmak üzere yerel makamlara yeni sorumluluklar devreden ardışık ademi merkeziyetçilik önlemlerinin bir sonucu olarak yerel konsey çalışanlarının sayısı 400.000 artmıştır. Dolayısıyla bu, memurların istikrara kavuşturulmasına yönelik gerçek bir politikadan ziyade bir su yatağı operasyonudur.

ÖRNEK OLAY İNCELEMESİ – BELÇİKA KAMU HİZMETİ

Belçika, 2013 yılı sonu itibariyle yaklaşık 840.000 kişilik hatırı sayılır çalışanıyla katı bir statüye dayalı kamu hizmetinin ilginç bir örneğidir. Son reformlar, Parkinson tarafından tanımlanan kayıtlardaki istikrarlı artış eğilimini tersine çevirmeye çalışmıştır. Bu, ekonomik krize yanıt vermenin ve aynı zamanda hükümet ile vatandaşlar arasındaki güven erozyonundan geri dönmenin bir yoludur. Federal devlet tarafından çaba sarf edilirken, ülkenin giderek federalleşmesi, bölgelerin ve toplulukların yeni görevler üstlenmeleri için personellerini geliştirmelerine yol açmış, böylece kamu çalışanlarının sayısı artmaya devam etmiştir.

KAMU HİZMETLERİNİN MODERNİZASYONU

Geleneksel olarak Belçika kamu hizmeti, birçok Avrupa kamu hizmetinde olduğu gibi çalışanların düşük hareketliliği, önemli bir kariyer sistemi ve belirli bir katılık ile karakterize edilmiştir. 1990'lardan itibaren, 1993 yılında GSYH'nin %137'sine ulaşan kamu borcunun artan yükü, ülkeyi verimliliği artırırken maliyetleri düşük tutmak için kamu hizmetlerini modernize etmeye yöneltmiştir. Kamu hizmetleri Belçika GSYİH'sinin yaklaşık %17'sini oluşturmaktadır, bu nispeten düşük bir orandır, ancak buna hastane personeli de eklenmelidir ve istatistiki temele dahil edilmemiştir.

Federal düzeyde, verimliliği arttırmak ve Parkinson'un tanımladığı gibi çalışma süresindeki ve kamu görevlilerinin sayısındaki aşırı artışla mücadele etmek için yönetim eğitim programları, kariyer hareketliliği ve liderlik sorumluluğu getirilmiştir. Bölgeler ve topluluklar da kendi yöntemlerini geliştirmiştir. Flaman Topluluğu'nda üst düzey yetkililer için altı yıllık görev süreleri getirilmiştir. Kamu hizmeti, yöneticilere büyük delegasyonların verildiği departmanlar halinde yeniden düzenlenmiştir. Valonya'da yeniden gruplandırma gerçekleşmiş ve bölgesel otorite operasyonel işlevleri çeşitli departmanlar arasında daha da bölüştürmüştür.

 **BILIYOR MUYDUNUZ?**

Belçika kamu hizmeti, kamu yönetiminin katılığını azaltmak amacıyla, yüksek maliyetlerine rağmen, belirli görevleri yerine getirmek için genellikle sözleşmeli personel, geçici işçiler veya taşeronlar kullanmaktadır. Aslında bu katılımcılar atanmadıkları için daha esnektirler.

Devlet memuru olabilmek için adayların bir dizi sınavdan geçmesi gerekirken, üst düzey memurların seçimi için bu ilk seçime ek olarak adayların, genellikle kamu ve özel sektörden profesyonellerden oluşan ve boş pozisyonlar için gerekli becerilere sahip uzmanlardan oluşan bir disiplin kurulu ile görüşmeleri gerekmektedir.

FEDERALLEŞME SONUNDA PARKİNSON'UN TEORİSİNİ KANITLADI

Federal hükümet ayrıca Belçika kamu hizmetlerinde personel azaltma politikasını da taahhüt etmiştir. Ülkenin bütçe taahhütlerinde, Avrupa İstİkrar ve Büyüme Paktı'na saygı gösterilmesi için önlemler alınmakta ve bu da 2010 ila 2014 yılları için listelenen personel giderlerinde önemli tasarruflara yol açmaktadır. Bu tasarruflar 2013 ve 2014 yılları için öngörülen 300 milyon Euro'yu aşmaktadır.

Aynı zamanda ülke federalleşmesini artırarak birçok sorumluluğu yerel ve bölgesel makamlara devretmiştir. Erteleme düzeyinde kamu istihdamını kontrol altına alma çabaları, bölge ve topluluklardaki kamu hizmetlerinin artmasıyla engellenmiĞtir. Federal sektördeki istihdam 2000 ve 2010 yılları arasında toplamda %4,5 oranında ılımlı bir artıĞ göstermiĞtir (Parkinson tarafından öngörülen yıllık %5-6 oranından çok uzaktır). Ancak aynı dönemde topluluklarda ve illerde %20.5, bölgelerde ise %22.7 oranında artmıştır. Tüm seviyelerde kamu sektöründeki istihdam 2000 ve 2010 yılları arasında toplam istihdamdan daha hızlı büyümüştür (%9,2'ye karşılık %13,8). Özel piyasanın belirsizliği, iş güvencesi, kariyerlerinde ve görevlerinde istikrar arayan adaylar için itici olmaktadır.

Bu örnek, kamu görevlilerinin sayısını kontrol altına alırken ülkelerin karşılaştığı zorlukları göstermektedir. Yeni yönetim uygulamalarının yumuşatmakta zorlandığı önceki mevzuatın mirası, halkın kamu hizmetlerine ilişkin meşru beklentileri ve Belçika'da çok belirgin olan, ancak yerel düzeye değer verilen birçok Avrupa ülkesinde mevcut olan ademi merkeziyetçilik veya federalleşme hareketi, personel üzerinde zor bir kontrole yol açmaktadır – bu silahın işsizlikle mücadelede kullanılabileceğinden bahsetmeye bile gerek yok. Ancak kamu hesaplarının Avrupa Komisyonu, Sayıştay ve mali piyasalar tarafından yakından incelendiği ve küreselleşmenin Batı ülkelerindeki mali sistemler arasında rekabet yaratarak zorunlu vergilerin seviyesi üzerinde aşağı yönlü bir baskı uyguladığı bir dönemde, bu konu siyasi ve ekonomik gündemde yer almaktadır. Tüm devletler Parkinson'un öngörülerini sınırlamaya çalışmakta ve bunda da nispeten başarılı olmaktadır.

ÖZET

- Parkinson Yasası, iş yükünden bağımsız olarak, devlet memuru sayısında yıllık %5,17 ile %6,56 arasında orantılı bir artış öngörmektedir.

- Cyril Northcote Parkinson muhakemesini üç varsayıma dayandırmaktadır:

  - Bir devlet çalışanı, işini tamamlamak için mevcut tüm zamanı kullanacaktır;

  - Kariyerinde ilerleme mantığına dayanarak her zaman iş arkadaşları yerine astları olmasını tercih edecektir;

  - devlet memurları birbirleri için iş yaratırlar.

- Parkinson Kanunu son derece hicivli olmakla birlikte, bürokrasi üzerine daha bilimsel teorilerle uyuşmaktadır.

- Okuyucunun dikkatini büyük bir finansal zorluğa çekiyor, ancak insan kaynakları yönetimi ve verimlilik boyutunu tamamen ihmal ediyor gibi görünüyor.

- Günümüzde kamu hizmetleri, kamu maliyesini ve halka sunulan hizmetlerin kalitesini kontrol etmek amacıyla doğal büyüme eğilimleriyle mücadele etmek için özellikle insan kaynakları alanında önemli çabalar sarf etmektedir.

DAHA FAZLA OKUMA

BİBLİYOGRAFYA

Demonty, B. (2013) Record de fonctionnaires en Belgique. *Le Soir*. [Çevrimiçi]. [Erişim tarihi: 7 Temmuz 2014]. Erişim adresi: < http://www.lesoir.be/160948/article/actualite/belgique/2013-01-14/record-fonctionnaires-en-belgique>

OECD. (2005) *Devletin Modernleştirilmesi: İleriye Giden Yol*. [Çevrimiçi]. [Erişim tarihi: 7 Temmuz 2014]. Erişim adresi: <http://www.oecd-ilibrary.org/governance/modernising-government_9789264010505-en>

OECD. (2007) *Examen de l'OCDE sur la gestion des ressessources humaines dans la fonction publique : Belçika*. [Çevrimiçi]. [Erişim tarihi: 7 Temmuz 2014]. Erişim adresi: < http://www.oecd.org/fr/gouvernance/emploi-public/39375860.pdf>

OECD. (2011) *Preésentation de l'Étude économique sur la Belgique 2011 : Trois enjeux stratégiques pour la Belgique*. [Çevrimiçi]. [Erişim tarihi 7 Temmuz 2014]. Erişim adresi: < http://www.oecd.org/fr/belgique/etudeeconomiquedelabelgique2011.htm>

Parkinson, C. N. (1983) *Parkinson Kanunları*. Paris: Robert Laffont.

Sizden haber almak istiyoruz!
Çevrimiçi kütüphaneniz hakkında yorum bırakın
ve favori kitaplarınızı sosyal medyada paylaşın!

IMPROVE YOUR GENERAL KNOWLEDGE

IN THE BLINK OF AN EYE!

www.50minutes.com

Yayıncı, yayınlanan bilgilerin güvenilirliğini garanti eder,
ancak sorumluluğunu üstlenemez.

Ana ISBN: 9782808600590
Kağıt ISBN: 9782808602044
Yasal depozito: D/2022/12603/205

Dijital tasarım: Primento,
yayıncıların dijital ortağı.